les ligneurs

de la pointe de Bretagne

« Chimère » en pêche sur la chaussée de Keller.

les ligneurs
de la pointe de Bretagne

Pêcheurs de l'extrême

Photographies MARC SAMBI _ Texte GILLES BERNARD

ÉDITIONS OUEST-FRANCE

Introduction

C'est en regardant l'émission *Thalassa* sur « les ligneurs du raz de Sein » que j'ai décidé de réaliser ce reportage photographique.

Quelques semaines plus tard, j'étais devant le ponton des ligneurs à Audierne à guetter le retour des bateaux. Le moment est crucial, je me prépare à aborder le premier pêcheur qui débarquera. Je sais que ce n'est pas gagné d'avance et que je peux me voir opposer un refus. Le responsable des ligneurs m'a prévenu : « Ça se passera dans les yeux, et les ligneurs peuvent très bien refuser de t'embarquer. »

Autant dire que je ne suis sûr de rien lorsque je m'avance pour me présenter à Patrick. Patiemment il m'écoute, sans intervenir, avec cette économie de mots propre aux hommes de mer, cela m'inquiète, mais sa réponse me libère : « Demain, 5 h 30 ».

Au fil des embarquements qui se succédèrent pendant trois ans, j'ai rencontré plusieurs ligneurs, tous sont passionnés par leur métier, tous sont inquiets de leur avenir. Pourtant, ils ont su m'expliquer leur pêche, m'initier aux liens qui les relient aux éléments, les courants, le vent, la houle, les oiseaux. Ces hommes sont fiers de ce qu'ils font et cela se voit. Ils traquent le bar à la ligne, seul à bord de petits bateaux, souvent dans des conditions de mer difficiles. Avec une pratique aussi respectueuse de la ressource, il n'est pas surprenant de retrouver les ligneurs militer pour la fermeture de la pêche pendant la reproduction du poisson. D'autres pays le font, mais nous... non.

Merci à Patrick, Ronan, Stephane, Eric, Pascal et Jean-Marc pour l'accueil reçu à bord de leurs bateaux, j'ai vécu tous ces moments comme un très grand privilège.

Gilles et moi, nous dédions ce livre à Philippe, ligneur d'Audierne, disparu le 6 janvier 2005 au rocher de Tévennec.

Marc Sambi

« Diapason » remonte sa dérive au pied du phare de la Vieille.

Le bar, prince des tempêtes

A l'ouest de la Bretagne, entre baie de Douarnenez et baie d'Audierne, s'avance un large éperon de hautes falaises granitiques, battu par les houles et exposé aux vents dominants océaniques : le cap Sizun. A son extrémité, le raz de Sein, parcouru de violents courants, sépare l'île de Sein du continent. Du haut de la pointe du Raz, le sémaphore exerce une veille attentive sur le trafic des navires en approche du rail d'Ouessant.

Les guetteurs couvent également d'une bienveillante attention les va-et-vient d'une flottille bien particulière, celle des pêcheurs ligneurs. Ceux-ci, le plus souvent seuls à bord, arment

Petit moment de détente en attendant que le courant s'installe. Ronan et Stéphane en profitent pour capturer quelques maquereaux qui serviront d'appâts pour le bar.

de petites unités de pêche de 7 à 9 mètres, et ont fait du raz de Sein leur domaine de prédilection.

La simple évocation de leurs lieux de pêche est une invitation au voyage : la Vieille, Lilas, la Chaussée, Talou, la Carcasse, la Basse Jaune, puis plus au nord l'Iroise, les basses du Lys et le Laborieux, la Vandrée, enfin les parages d'Ouessant et la chaussée de Keller. Vaste terrain d'aventure pour ces pêcheurs d'exception qui perpétuent probablement la plus ancienne des techniques de pêche : la ligne.

Dans cette portion d'océan, le jeu des marées est quotidiennement l'occasion de mouvements d'eau démesurés, et chaque jour, ce sont plusieurs millions de mètres cubes d'eau qui sont ainsi déplacés entre Sein à Ouessant : un aquarium de 30 kilomètres de côté dont on changerait l'eau quatre fois

par jour. Les plus forts courants y atteignent 8 nœuds (15 kilomètres par heure).

La faune halieutique y est riche et variée, et on y trouve notamment des crustacés de prestige : langouste rouge, homard, des poissons plats : barbue, turbot et raie, et toute la famille des dorades : royale, griset, pagre, pageot et pageot rose. Mais le maître des lieux est sans conteste le bar. Amateur d'eaux agitées, spécialiste de la nage en conditions extrêmes, le bar n'a pas son pareil pour exploiter les opportunités alimentaires de cet écosystème complexe. Dans cet espace, chaque îlot, chaque pointe, chaque écueil constitue un affût où, à moindre effort, il pourra attendre que le courant lui apporte comme sur un plateau les éléments de sa pitance : lançon, sprat, sardine, chinchard et maquereau.

En d'autres lieux, on le trouvera solitaire, cherchant ses proies « à la fleur de l'eau », cette pellicule de quelques centi-

Ci-contre Les fous de Bassan rejoignent la partie, c'est un bon signe !

Page de gauche Stéphane scrute le ciel, les oiseaux commencent à se rassembler, on va bientôt « mettre en pêche ».

mètres qui, l'été, concentre l'essentiel de l'activité photosynthétique. Il affectionne aussi les « petits fonds » littoraux où, connaissant son territoire dans les moindres détails, il aura un régime des plus éclectiques : crabe vert et étrille, poissonnet et alevin, coquillage et ver marin, crevette bouquet ou puce de mer.

Mais à l'occasion, et en particulier en ce point de rencontre des eaux de la Manche et du golfe de Gascogne que constitue l'Iroise, son tempérament grégaire reprend le dessus. Par bandes pouvant regrouper de quelques spécimens à plusieurs centaines d'individus, le bar met en œuvre des stratégies de traque élaborées, affût, poursuite, contournement ou encerclement, exploitant de la sorte toutes les strates d'eau de cet immense réservoir de nourriture. Une fois le banc de fretin isolé, les bars se livrent à une véritable curée : la « chasse ». Tuant, à coups de tête rageurs, bien plus de poissons qu'ils n'en consomment, les bars en chasse voient leur présence trahie par les concentrations d'oiseaux marins, goélands et fous de Bassan, qu'attire cette providentielle remontée de petits poissons affolés ou agonisants.

Cette présentation pourrait en faire un glouton insatiable, mais il n'en est rien, car en bon vivant, ce grand chasseur laisse une large part au repos. Se laissant alors porter entre deux eaux à l'abri d'une roche ou d'un ridain, il donnerait à penser à une statue de sel si les mouvements de ses nageoires pectorales et sa lente respiration branchiale n'étaient là pour briser cet immobilisme. En ces moments, tous les lançons de l'Atlantique peuvent bien passer à portée, il reste impassible : ce n'est pas son heure. Chaque chose en son temps, et il suffira parfois que le courant s'inverse, que le vent tourne ou que le soleil se cache pour qu'il reprenne sa traque. A cet instant, obéissant à un signal mystérieux, tout le banc se remettra en mouvement.

Les pêcheurs méridionaux l'ont baptisé « loup », et il est vrai qu'il s'en rapproche sous bien des aspects, alternativement chasseur en meute ou vieux solitaire, et au gré de ses humeurs tour à tour prédateur féroce ou promeneur indolent.

Dernière dérive
au maquereau vivant
pour « Diapason », le
courant devient trop fort,
Stéphane va passer
à la « grande ligne ».

Ronan se replace après avoir changé son maquereau.

Le pêcheur connaît ses humeurs fantasques, et il s'en accommode, attendant à l'occasion des heures, voire des jours, que le seigneur de ces lieux se mette en quête de nourriture. Il n'est pas rare d'assister à des coupures de pêche pendant plusieurs jours, en particulier lorsque les vents s'installent à l'est. En ces périodes de disette, le pêcheur doit s'armer de patience et faire preuve d'une grande sérénité. Certains jours, le poisson est là, le pêcheur le sait, le pêcheur le sent, mais rien à faire pour provoquer l'attaque. A l'issue d'une journée passée à battre la mer, et après avoir mis en œuvre l'essentiel des techniques connues, il rentrera avec l'impression que la faune halieutique dans son ensemble a déserté les lieux.

Autour du phare de la Vieille, les bons postes sont peu nombreux, les ligneurs pêchent sur un tout petit territoire et souvent très proches les uns des autres. Les manœuvres de navigation sont extrêmement codifiées, plaisanciers s'abstenir !

En amont du poste convoité, Stéphane lance son maquereau avant de se laisser dériver dans le courant, le moteur juste embrayé.

A la « grande ligne », Ronan étale le courant au moteur, il manœuvre pour que sa ligne travaille dans le « bouillon ».

En d'autres lieux, moins exposés au brassage d'eau, ce sont les proliférations planctoniques, dinophysis ou alexandrium notamment, qui perturbent le poisson et induisent inappétence, ralentissement de l'activité, voire exode massif vers des eaux plus généreuses.

Mais quelles qu'en soient les causes, le bar revient toujours et il comblera d'aise le pêcheur amateur ou professionnel que la chance, l'expérience ou l'instinct aura placé à l'endroit où la pêche se déclare.

C'est à la découverte de ce poisson surprenant que nous invitent Mathieu, Ronan, Eric, Stéphane, Patrick et les autres, tous pêcheurs ligneurs par profession autant que par passion et par conviction, engagés dans la promotion d'un mode de pêche, d'un art de vivre, qu'ils défendent ardemment.

Joli bar, entre la Plate
et la Vieille.

En route pour l'aventure

Cinq heures. L'aube teinte à peine l'horizon. L'herbe des pâtures a laissé la place aux fougères et à la lande. De part et d'autre de la route sinueuse défilent les murs de pierres sèches et la voiture de Mathieu brinquebale et nous mène jusqu'au bord de la mer, à l'issue d'un raidillon de 500 mètres accusant – à vue de nez – un bon quarante pour cent de pente.

Nous mettons pied à terre et la mer est là effectivement : nous la devinons plus que nous ne la voyons, 20 mètres en contrebas de cette falaise de roche noire et froide. Mathieu a déjà enfilé bottes et ciré et calé sous son bras un panier en osier d'où dépasse la thermos de café. Nous nous engageons dans un vague chemin qui nous conduit, au terme d'une descente

Page de gauche Patrick sur la Plate. La ligne fixée à un point haut va pêcher l'aval de l'édifice.

Ci-dessus Tout en étalant le courant au moteur, Patrick s'aide de la Plate pour faire nager sa ligne dans les remous.

Ci-contre La Plate, la Vieille, les sentinelles du territoire.

« Diapason »
en pêche à la Vieille.

DIAPASON
AUDIERNE

DIAPASON
AUDIERNE

La pêche au maquereau vivant est souvent très sélective en terme de gros bars. Stéphane décroche un beau spécimen.

Belle volée et bon signe, les oiseaux ont repéré le poisson fourrage (base de la nourriture tant des oiseaux que des bars). Cela signifie que les bars sont en dessous.

parsemée d'embûches, à un ouvrage portuaire digne d'un autre âge : quelques marches taillées dans la roche, une maçonnerie de moellons qui épouse la roche dans ses moindres mouvements, une main courante d'un acier rongé par le temps, le tout formant une cale de mise à l'eau et une digue de protection de quelques mètres : nous sommes au port du Vorlen.

Le terme de port peut paraître usurpé, tant les infrastructures sont réduites, mais c'est assez pour qu'une dizaine d'embarcations prennent abri dans la crique : quelques barques légères et trois navires de professionnels ligneurs qui trouvent ici un abri pour quelques heures ou quelques jours à proximité immédiate de leurs lieux de pêche, économisant

Pêche au maquereau vivant au pied de la Vieille. Au loin, la pointe du Van.

ainsi les trente à quarante-cinq minutes nécessaires pour rallier Audierne.

Six ports de ce type s'égrènent au pied des falaises du cap Sizun : Porz Loubous, Feunteun Aod et Bestrée au sud, le Vorlen à l'ouest entre pointe du Raz et pointe du Van, enfin Brezellec et Pors Loedec au nord. Trois d'entre eux sont régulièrement fréquentés par les professionnels pendant l'été. Ils offrent suivant le cas une protection des vents de secteur sud ou nord, et les navires n'hésitent pas à changer de rade abri suivant la météo.

Au pied de l'ouvrage, quelques annexes attendent, et à une cinquantaine de mètres, le bateau de Mathieu tire sur sa chaîne. Tout en libérant le cordage du va-et-vient qui relie son annexe à l'échelle, Mathieu m'explique que les occupants de ces abris ne dorment jamais que d'un sommeil léger tant les caprices du

Territoire exigu, et trafic dense autour de la Vieille.

temps sont parfois subits. Et il est bien difficile de rejoindre son embarcation quand le vent ayant fraîchi au cours de la nuit, l'annexe s'agite comme une coquille de noix au pied du rocher, dans un clapot déchaîné. Au-delà du grand frais, tout le monde doit plier bagage, et alors que les navires de pêche rejoignent Audierne, les petites unités de plaisance sont hissées à flanc de rocher bien à l'abri des plus hautes vagues.

Dans le jour naissant, je constate la présence d'un treuil à bras, trônant majestueusement au plus haut du pan incliné, et j'imagine déjà les hommes ahanant d'effort sous la pluie et dans le vent, pour extraire au plus vite les frêles esquifs des éléments déchaînés.

Mathieu m'arrache à mes rêveries et me désigne l'échelle : quatre bons mètres de descente, sur des barreaux qui ont subi

L.A.P

Ci-dessus Pêcher et naviguer en même temps !

Ci-contre Patrick à la « grande ligne » sur la Plate. Pour faciliter les manœuvres de contournement d'obstacles la ligne est fixée à un point haut à l'aide d'une drisse.

plus qu'à leur tour les outrages du temps, et tout en bas l'annexe qui danse alors qu'une frange de laminaires sombres bordant le rocher apparaît et disparaît au gré du ressac.

Au fur et à mesure de la descente, les odeurs se font plus fortes, odeurs de mer et de goémon mêlées, et je me sens rentrer dans ce décor, bientôt acteur de cette « chasse » que j'espère fructueuse.

Il me faut maintenant sauter dans l'annexe, et je ne suis pas bien fier au moment de faire le grand pas vers cette

Ci-dessus La ligne pêche juste derrière les rouleaux à une centaine de mètres.

Ci-contre Chamaillerie ailée !

embarcation qui ne cesse de bouger. Mathieu m'a pourtant dit que les conditions de mer étaient parfaites avec juste « un restant de clapot d'ouest de la veille » et j'imagine ce que ça doit donner par gros temps. Mathieu m'a rejoint et armé d'un aviron 3 mètres, il déborde la roche et nous propulse d'un mouvement assuré vers le *Fringant*, unité polyester de 8,30 mètres prête à nous propulser de toute la puissance de ses 220 chevaux vers ce lieu de pêche mythique : le raz de Sein.

Ci-dessus La « grande ligne ». Une quinzaine de leurres souples suivis d'un leurre dur à bavette étalée sur un bas de ligne d'une soixantaine de mètres relié à la ligne mère, le tout efficacement émerillonné.

Page de droite La prise est bien assurée, le poisson sera monté d'autorité.

« Diapason »
en pêche dans l'écume.

Patrick m'explique les différents bons postes de la Vieille.

Début de pêche

A la barre, bien calé dans son siège, Mathieu nous mène vers le phare de la Veille. C'est là, entre la pointe du Raz et le phare, sur une distance d'un mille ponctuée de quelques brisants, qu'il nous emmène pêcher le bar.

J'apprécie le relatif confort de la passerelle où, porte fermée, l'effet de la brise d'ouest se fait oublier. Le moteur ronronne doucement, 1200 tours par minute. Mathieu semble avoir tout son temps. Nous sommes légèrement ballottés par un clapot de sud-ouest, mais la traversée de la baie des Trépassés s'effectue en à peine un quart d'heure. La petite dépression de la veille s'en est allée et les premiers rayons du soleil présagent une belle journée.

Nous stoppons à une centaine de mètres du Gorle Greiz, grande roche noire surplombant de près de 20 mètres un chapelet d'écueils dispersés de part et d'autre. A l'est, la pointe, à l'ouest, le phare de la Vieille et la tourelle jaune et noir de la Plate. Ce seuil, prolongement sous-marin de la pointe du Raz, est à l'origine de ce phénomène de raz si particulier, accélération du courant accompagnée d'effets de mer amplifiant houles et clapots en provenance du large.

Ci-dessus Le ligneur a senti, ou vu que le poisson était mal piqué, il assure sa prise en utilisant l'épuisette.

Ci-contre Fin de pêche, nous faisons route sur Audierne. Patrick, après avoir soigneusement rincé son poisson, me présente deux jolis bars.

Pour l'instant, le raz est presque calme, tout juste animé par quelques tourbillons et bouillonnements et par une longue houle d'ouest. C'est l'étale de basse mer. Je bous d'impatience, et pourtant nous sommes là à ne rien faire. Mathieu a dû interpréter mon regard dubitatif, car il me lance : « C'est encore trop tôt, tu vois, les oiseaux ne sont même pas sur les roches. Les oiseaux, c'est notre point de repère ; ce sont eux qui nous donneront le signal du début de pêche. En attendant, nous allons essayer de pêcher quelques maquereaux. » Et Mathieu met à l'eau un train de plumes jaunes et rouges. Venant d'Audierne,

Ci-dessus Différents composants de la « grande ligne ». Leurres souples et durs.

Ci-contre Mis en caisse par taille, le poisson est étiqueté.

deux autres ligneurs nous rejoignent par le sud et stoppent à quelques mètres. Ils ne paraissent pas plus préoccupés de pêche que Mathieu, et nous interpellent gaiement sur la pluie, le vent et les derniers potins du port.

Mathieu remonte une lignée de trois maquereaux, prestement détachés et immergés dans une grande baille d'eau. A peine remise à l'eau, la ligne est stoppée dans sa descente. En me tendant la ligne, il me dit : « Ecoute ta main, ils sont là. » Effectivement, ça gigote. Mathieu reprend la ligne : il m'a prévenu, je ne pourrai pas pêcher, question de sécurité. Après avoir décroché quatre nouveaux maquereaux, il fait signe à ses collègues qu'il va mettre en pêche. Deux mille cinq cents tours, le bateau bondit littéralement. Ça commence à me plaire.

Tout ici est affaire de convention : Mathieu, arrivé le premier, a le droit de choisir sa place, la meilleure ou en tout cas celle qui devrait l'être. Plus tard, en action de pêche, les navires respecteront un code d'usage précis, condition indispensable pour que l'action se déroule sans incident dans un espace somme

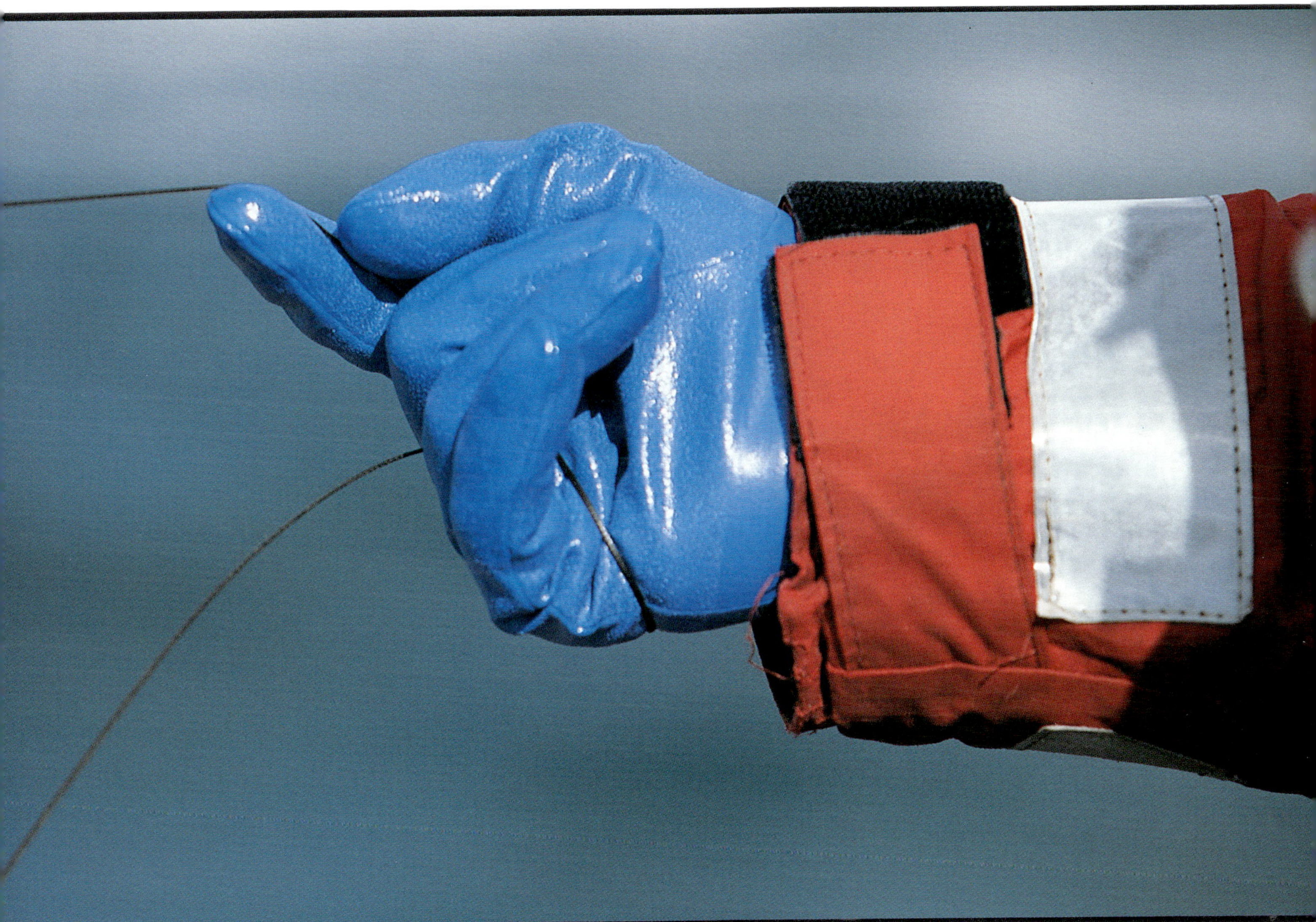

La main, la ligne, l'expression la plus simple et la plus ancienne de la pêche.

La taille respectable de ce bar justifie l'utilisation de l'épuisette, on se rend compte de la taille de l'appât par rapport au bar. Gros vif, gros poisson, c'est souvent vrai.

toute exigu. Rien n'est écrit, et gare pourtant à celui qui ne respecterait pas le « protocole ». Qu'un pêcheur plaisancier s'aventure sur ce territoire, et c'est un peu l'arrivée d'un chien dans un jeu de quilles. En effet, sans s'en rendre compte, il peut compromettre la marée, en passant sur les lignes ou dans la chasse, ou en gênant une manœuvre.

Se faufilant entre les roches par le chenal du Trouziard, Mathieu gagne le sud du raz, et déjà le courant de montante commence à se faire sentir. Peu marqué dans la première heure de flot, il va rapidement forcir pour atteindre 5 ou 6 nœuds au plus fort de la marée – aujourd'hui de coefficient 105, ce n'est pas tous les jours !

Petits cadeaux aux complices !

Eric à la « grande ligne » au pied de la Vieille.

Le bateau réduit son allure, et déjà Mathieu retire un maquereau tout frétillant de son vivier. Après l'avoir armé d'un énorme triple, un bon 5/0, il laisse filer le montage dans le courant sans autre artifice qu'un simple fil de 80 centièmes. Moteur à 1000 tours, l'embarcation étale le courant en position quasi stationnaire. Déjà dix brasses de ce fil dehors, suivies de quinze brasses de tresse bleue et Mathieu, qui a déployé une perche en bambou d'au moins 6 mètres, fixe la ligne en dérivation sur une drisse fixée en bout de perche et laisse le tout se tendre au courant. Un instant perplexe, je comprends le stratagème lorsque, à l'issue d'une translation de quelques dizaines de mètres, Mathieu vient se placer en amont immédiat d'une roche émergée sur laquelle vient se briser la houle en gros amas d'écume. Le maquereau navigue dès lors dans la zone de turbulences en

Vol stationnaire et tête en bas, attitudes typiques du goéland en chasse. Excellent signe de pêche.

Ci-dessus Fin de journée sur la Vieille, le courant a cessé, Eric insiste encore un peu avant de rentrer sur Audierne.

Ci-contre Cela valait le coup d'insister un peu !

Coucher de soleil sur le phare de la Vieille.

La passion « malgré tout ».

aval immédiat de la roche, le tangon permettant ainsi à la ligne de passer au-dessus de la roche sans encombre.

« Nous allons pêcher comme ça une petite heure, me dit Mathieu. Ça a l'air un peu grossier comme technique, mais c'est ainsi qu'on arrive à capturer les plus gros poissons, ceux qui refusent tous les autres leurres. Plus tard, quand le courant sera bien formé, nous pêcherons en travers du courant avec les lignes de leurres souples. »

Le bateau commence à se faire ballotter par le clapot, et au fur et à mesure que le courant forcit, le contraste s'accentue entre la zone relativement calme où nous nous trouvons et celle située au-delà du seuil sous-marin, où la mer s'agite de plus en plus et en tous sens. Progressivement, Mathieu augmente le régime du moteur : maintenir ainsi le bateau à la distance voulue pour que le maquereau évolue au bon endroit nécessite une grande dextérité et une action permanente sur la barre et la commande

L'éperon de la pointe du Raz,
le phare de la Vieille, la Plate,
et au loin l'île de Sein.

Le port d'Audierne.

Paysage côtier du cap Sizun.
Réserve du Goulien.

Ligneur sur sa plate en train de regagner son bord.

Greiz, ils sont peut-être deux cents. On dirait les tribunes d'un terrain de foot un jour de derby, ou encore les gradins d'une arène un jour de féria. « On ne va pas tarder à passer aux grandes lignes, le courant est bien formé. »

Nous avons déjà remis en pêche au même endroit. Alors qu'un nouveau maquereau file au courant, je constate que la roche, désormais couverte, n'apparaît plus qu'à de rares occasions, me surprenant à chaque fois, comme si un quelconque monstre marin surgissait d'un coup du tréfonds, sombre apparition fantasmatique au milieu des gerbes d'écume.

J'apprendrai plus tard que cette technique de la pêche au maquereau vivant est récente. Ses initiateurs ont d'ailleurs réussi à garder leur secret durant une bonne quinzaine de jours, ce qui est assez exceptionnel quand on sait que les bateaux pêchent pratiquement bord à bord. Pendant tout ce temps, ils alignaient des pièces relevant du trophée sans que personne ne sache par quelle vertu subite il bénéficiait d'avantages aussi exclusifs. Paradoxalement, l'utilisation de petits maquereaux ou de sardines est de peu d'utilité. Sans doute faut-il un appât à la mesure de l'appétit de ces spécimens hors du commun.

Le phare de la Vieille vu de la baie des Trépassés.

FURUNO

Pascal et « Chimère »
dans les déferlantes
de la chaussée
de Keller, côte nord
d'Ouessant.

Jean-Marc et Pascal vont enchaîner le flot et le jusant, entre les deux, un moment de calme et de détente.

Pêche aux leurres souples

Après dix minutes sans résultat, Mathieu change de technique. Ayant rapidement remisé le tangon en position verticale et plié le bas de ligne sur un carré de mousse, il commence à dévider la « grande ligne ». A l'extrémité, un leurre tout à fait original, sous la forme d'un poulpe en matière rigide d'un bleu outremer aux effets polarisants, vient de rejoindre l'élément liquide. Equipé d'une bavette, il ondule à la surface de l'eau d'une manière, je l'imagine bien, attrayante pour un bar affamé. Suit une série de leurres souples bariolés, espacés chacun de deux brasses et montés sur un fil là encore de forte section. Certains leurres sont habillés d'une jupe imitant un poulpe, les multiples tentacules produisant, semble-t-il, un effet attractif supplémentaire.

Mise à l'eau de la « grande ligne ».

L'ensemble est placé à l'extrémité d'une ligne en tresse bleue, dont Mathieu file au moins vingt brasses dans le courant. Pas de plomb, pas de flotteur ! La ligne m'ayant été confiée un instant, je constate à quel point la tension qu'exerce le courant est forte. A regarder dans le détail une des lignes de rechange traînant sur la passerelle, je m'aperçois que chaque leurre a été retravaillé : les orifices pour la sortie des hameçons ont été agrandis aux ciseaux suivant un galbe parfait, et on devine que les corps des leurres ont été fourrés pour éviter les mouvements de l'hameçon, ou pour améliorer l'hydrodynamique de l'ensemble. J'en déduis que le choix et l'association des couleurs ne sont jamais innocents, et que probablement chaque longueur de fil, chaque nœud obéissent à des règles précises, issues de cette longue expérience d'hommes pêchant ensemble, mais chacun pour soi, et essayant sans cesse, dans une émulation enrichissante, de toujours pêcher mieux.

AD

Le « Boucanier »
en pêche sur la chaussée
de Keller.

Le « Boucanier » remonte sa dérive pour se remettre en pêche.

Deux autres navires nous ont rejoints. Ils sont cinq ligneurs maintenant, alignés en rang d'oignons, le nez au courant, positionnés au plus près de la barre de déferlantes et bénéficiant du calme relatif qui la précède. Le spectacle est surréaliste tant les bateaux sont semblables : même position, même couleur blanc ivoire sur cette mer d'émeraude, même taille et même disposition avec leur cabine si caractéristique implantée aux trois quarts arrière du bateau. Un liseré de couleur à hauteur de la lisse semble la seule fantaisie permise. On se croirait victime d'un jeu de miroirs.

Trois de ces bateaux sont d'ailleurs des *sisterships*, de la série du fameux Jeanneau 8,30. Le chantier vendéen a sorti au début des années quatre-vingt cette série d'unités, construction en polyester sur sandwich balsa, dont les qualités nautiques ont séduit nos ligneurs. Doté d'une carène exceptionnelle lui permettant de déjauger rapidement tout en conservant, quelles

Jean-Marc manœuvre afin de faire nager sa ligne sous la volée d'oiseaux.

que soient les situations, une stabilité à la mer exceptionnelle, il a longtemps représenté l'outil idéal pour pratiquer ce travail d'équilibriste sur le fil de la vague.

Nous voici à nouveau en pêche, et le spectacle est véritablement impressionnant : à quelques mètres, les vagues déferlent, mais contrairement à l'accoutumée où les vagues courent au rivage, dans le cas présent, c'est l'eau qui court vers cette vague qui éclate sur elle-même en une gerbe d'écume et se reforme intacte l'instant d'après. Le phénomène produit un effet sonore particulier, bruit d'un torrent de montagne frappant les rochers, que couvre par instants le sifflement de l'embrayage hydraulique.

Quelques oiseaux survolent déjà les remous, et soudain, les oiseaux postés sur les roches s'envolent de concert. En une fraction de seconde, ils sont plusieurs centaines à tournoyer en tous sens à quelques dizaines de mètres de nous. Des fous de

Belle volée d'oiseaux
sur la chaussée de Keller.

Bassan, venus d'on ne sait où, ont rejoint le groupe et piquent à la verticale depuis des hauteurs vertigineuses. Et tout ce monde tourne en de gigantesques arabesques. « Je sens que ça ne va pas être pour nous ce coup-ci », me lance Mathieu. Ça plonge en tous sens, et le cri des oiseaux s'ajoute à l'environnement sonore, mais il est vrai que l'épicentre du phénomène est situé à plus de 100 mètres dans l'est de notre position.

Déjà les deux bateaux situés à notre droite ont décroché et se retrouvent dans le travers du courant à remonter leur ligne, bientôt rejoints par un troisième. Nullement gênés, les oiseaux plongent de plus belle. Nous restons hors de ce coup-là, et en moins de cinq minutes, la messe est dite. Terriblement frustrant ! Mais quel spectacle ! Déjà les oiseaux ont rejoint leur perchoir et j'imagine que chez eux aussi, nombreux sont ceux qui n'ont pas trouvé leur compte. Le banc nourricier est passé un peu trop loin pour que nous puissions en profiter.

Je comprends maintenant mieux la mécanique de ce mystérieux rendez-vous. Les bancs de poissons, sardine ou maquereau à cette époque, chinchard et lançon plus tard en saison, portés par le courant, se présentent au-dessus du seuil sous-marin. Bien cachés derrière la roche, les bars surgissent et foncent sur ces poissonnets dont la capacité de fuite est terriblement réduite du fait de la force du courant. N'ayant d'autre issue que de remonter à la surface, ils se voient cette fois attaqués par les oiseaux. Terrible connivence !

L'intrusion de l'homme dans cet écosystème est récente et le prélèvement opéré toujours modeste. Les premiers pêcheurs à s'être spécialisés sur cette pêcherie l'ont fait à la fin des années soixante. Utilisant au tout début des dépouilles d'anguilles lestées et fourrées à la laine, conservées en saumure, ils se sont rapidement approprié les tubes chirurgicaux en latex blond, profitant de leur exceptionnelle souplesse pour en faire des aiguillons

Une rencontre ! Un fou de Bassan « décoré ».

tout de même les 2 kilos ! Avec une dextérité déconcertante, Mathieu a déjà rangé les prises dans une caisse, après les avoir saignées d'un rapide coup de canif derrière les ouïes. Ici, chaque geste compte, une simple ligne qui s'embrouille peut compromettre la partie.

Nous filons à vive allure reprendre position, en effectuant toutefois une large boucle pour ne pas repasser dans la chasse. L'activité des oiseaux s'est un peu calmée, et je bénéficie d'un bref répit pour apprécier le spectacle de cette mer exceptionnelle. L'ensemble force le respect, et je vis les mêmes sensations que lorsque, enfant, il me fut donné l'occasion de découvrir l'intérieur d'un volcan, sentiment mêlé d'admiration et de crainte vis-à-vis d'éléments défiant les règles habituelles de l'ordonnancement des choses.

habilement profilés. Puis sont apparus dans le courant des années soixante-dix les premiers leurres souples, « Citroën » puis Red-Gil, Eddystone et Raglous, toutes imitations fort suggestives de lançons et autres fretins.

Quelques minutes à peine se sont écoulées, et déjà les volées d'oiseaux sont sur nous. Mathieu se retourne avec un large sourire : « J'en ai un... ça va compléter ! » Trente secondes à peine, et au terme d'une manœuvre tout aussi rapide que soudaine, nous voici à nouveau ballottés dans la « varenne » : la mer déferle de toutes parts, et où que je regarde, des oiseaux volent, piaillent et plongent en une folle bacchanale.

Mathieu ramasse sa ligne à grande brassée et déjà le premier leurre a rejoint son emplacement, piqué sur le bord du baquet où se love le corps de ligne. Accroché au deuxième leurre, un bar, que Mathieu hissera à bord sans ménagement, après avoir bloqué la ligne de ce moulinet de bras si caractéristique. A suivre trois leurres « sans loge », puis un nouveau bar, et un troisième qui bien que de même taille aura les honneurs de l'épuisette, Mathieu ayant probablement jugé la prise mal assurée. Enfin, en bout de ligne, un dernier poisson, nettement plus gros. Au total, quatre bars, dont le plus petit dépasse

Les pêcheurs manifestent un profond respect, voire de la déférence, envers cette mer alternativement complice ou hostile, amie ou ennemie. Comme une courtisane, elle se joue de ses amants.

Le langage courant reconnaît à la mer cette personnalité extravagante, et ainsi dira-t-on que la mer est belle quand il conviendrait de dire qu'elle est calme, qu'elle est mauvaise quand il conviendrait de dire qu'elle est agitée. Jean-Marc m'a raconté un jour comment il avait talonné sur une roche figurant sur les cartes à 3 mètres sous le niveau des plus basses mers : performance dans la théorie impossible et qui pourtant faillit bien lui coûter cher : la mer se vidant sous sa quille en quelques fractions de secondes interminables avant que la déferlante énorme ne vienne balayer l'endroit de toute sa puissance. L'effet conjugué de la houle et des courants produit en ces lieux des phénomènes frôlant le surnaturel.

Nous retournerons ainsi quatre fois au « charbon », pour des coups de ligne de deux à cinq poissons, toujours de belle taille. A chaque fois, les oiseaux, véritables indicateurs de pêche, nous signalent la présence du poisson, permettant à Mathieu de se positionner au mieux. L'espace d'un bref instant, j'aurai

Geste précis et moment magique.

même la chance d'apercevoir, au travers de la vague, un bar poursuivant quelques sardines, et conduisant celles-ci à courir sur l'eau en trois ou quatre bonds successifs.

Puis, au bout d'une heure, sans que nous n'ayons eu à aucun moment le temps de souffler ni même d'échanger plus que quelques mots, les oiseaux libèrent progressivement le ciel, les rouleaux perdent de leur ardeur et le courant de sa violence. Nous ne sommes pourtant qu'à mi-marée, mais le coup est fini, rendez-vous étant pris sans doute par les hôtes de ces lieux pour une nouvelle rencontre dans une douzaine d'heures, avec le retour du « flot ».

Passé cette période de frénésie alimentaire, le bar reste présent sur le secteur, sans doute moins concentré, mais toujours actif, et met en œuvre d'autres techniques de chasse, à l'affût ou « à courre ». Les ligneurs, exploitant un secteur plus vaste, réaliseront encore quelques belles prises.

Chaussée de Keller,
« Chimère » en pêche
dans la marmite.

Gros coefficient de marée sur la chaussée de Keller, conditions favorables pour la pêche.

Mais l'instant privilégié reste ce rendez-vous entre les bars et les oiseaux. Il n'est pas rare en été que les navires ligneurs réalisent ainsi plusieurs sorties dans la même journée, d'où cet intérêt à pouvoir opérer au départ des petits ports nichés dans la falaise.

Les perspectives de pêche sont bien plus intéressantes en période de fort coefficient, probablement parce que les volumes d'eau en transit sur ce seuil sous-marin varient dans des proportions importantes, et que les quantités de poissonnets charriées évoluent en proportion. Très certainement aussi parce que la force du courant handicape les bancs dans leur déplacement.

Curieusement, les horaires de ce « rendez-vous » s'inversent en courant d'été, et alors que de mai à juillet, les rassemblements s'opèrent en début de marée montante, de juillet à octobre, les ligneurs vont privilégier les débuts de descendantes. Cela est probablement dû au sens général de migration des bancs de poissonnets, du sud vers le nord en début de saison, et du nord au sud à partir du milieu de l'été. La technique de pêche sera d'ailleurs sensiblement différente durant cette dernière période, les bateaux travaillant beaucoup plus dans le travers des remous, allant chercher les poissons directement dans les chasses d'oiseaux.

Page de gauche Entre homme-orchestre et équilibriste.

Ci-dessus Mauvais temps, mais bonne pêche.

Ci-contre Eric, doublement satisfait, un gros bar capturer avec un popper de sa fabrication.

Coup de vent sur Ouessant. La côte nord avec au loin le phare du Créac'h.

Le « Boucanier » et le « Chimère » pêchent ensemble. Jean-Marc vient de « loger » le poisson et il communique immédiatement l'information à Pascal par radio.

Retour au port

Mathieu a décidé de rentrer au port. Nous avons mis à bord une vingtaine de poissons pour un peu plus de 60 kilos, et je crois que Mathieu est satisfait. A l'aval de la grande roche, nous partageons fraternellement le café et les casse-croûte. Le soleil est déjà haut, et je n'ai pas vu le temps passer. Le vent est tombé et plus loin la mer est sans ride. Ici, de chaque côté de la roche, le courant forme encore une zone agitée, et le calme dont nous bénéficions est comme une récompense.

Jamais longtemps inactif, Mathieu asperge nos poissons à l'aide de la manche à eau. Ils sont rangés bien à plat dans

Les potences qui relient le leurre au bas de ligne sont soigneusement réglées pour que le leurre tombe pile dans la main du ligneur quand il tend le bras.

Ouessant, port du Stiff.

six caisses superposées sur le côté de la passerelle, et l'eau dévale de caisses en caisses. Il a sorti de la cale un bac de glace en paillette qu'il émiette maintenant avant d'en recouvrir le poisson.

Cela fait, Mathieu, pris d'une soudaine inspiration, me lance, regard énigmatique : « Tu sais que mon bateau sait danser ! » puis devant mon mutisme étonné : « Mon bateau sait danser la valse ! » Ayant repris la barre, il nous guide à quelques encablures, à la limite du dévers de courant. Et là, effectivement, moteur au point mort, le bateau se met à tourner sur lui-même, comme emporté dans un tourbillon géant. Deux révolutions complètes en une minute, Mathieu est fier de son coup et nous rions ensemble de cette ultime espièglerie des courants marins.

Coup de vent sur Ouessant.

Le « Boucanier » en pêche
sur la chaussée de Keller.

Belle volée de goélands et de fous de Bassan.

Puis, moteur embrayé et manette de gaz aux trois quarts, nous mettons le cap sur Audierne. Au moment de passer une dernière fois dans les roches par le chenal du Toul Bihan (« petit trou » en breton), je jette, avec un goût d'au revoir, un dernier regard sur ce terrain d'aventure exceptionnel.

Quarante-cinq minutes plus tard, nous nous engageons dans la passe d'entrée du port d'Audierne. Les pêcheurs récréatifs qui opèrent depuis le môle du Raoulic relèvent prestement leurs lignes jetées en travers du chenal. De l'autre côté, des enfants crient et courent sur le sable. D'un coup, il fait chaud, trop chaud, et tel un cosmonaute rentrant de mission, engoncé que je suis dans ces bottes et ce ciré trop large, j'éprouve soudain le sentiment d'avoir vécu quelque chose d'exceptionnel. J'aurais dû moi aussi passer la journée à lézarder sur la plage ou à taquiner le tacaud du haut de la digue. Au lieu de ça, et à quelques kilomètres seulement, ce spectacle unique...

Le *Fringant* accoste la cale au droit de la criée, et Mathieu saute rapidement à terre. Déjà un chariot s'avance, et le poisson est rapidement mené à l'abri dans la halle à marée. Dans cet immense bâtiment isotherme, protégé des températures

Ouessant, « Chimère » se replace sans perdre de temps. Le poisson est là, il faut en profiter, cela ne va pas durer.

Les ligneurs possèdent une connaissance intime de leurs territoires de pêche associée à une virtuosité manœuvrière étonnante.

Jean-Marc en pêche et attentif aux conditions de navigation.

estivales par de lourdes portes coulissantes, des rangées de caisses s'alignent, attendant la vente. Grondins rouges et pageots roses forment ici et là des taches de couleur au milieu du noir des congres et du brun clair des merlans et des lieus. Le gris argenté des bars n'occupe encore qu'une petite partie de l'espace, les pêcheurs de bar rentreront tard aujourd'hui car la marée commande !

Au centre de cet espace, des marins s'affairent autour de quelques caisses. Mathieu calibre ses poissons un à un et les trie en quatre tailles, du plus gros au plus petit. L'opération est d'importance, car les prix varient sensiblement suivant la catégorie. Puis, armé d'un pistolet pneumatique, il fixe à l'ouïe de chaque poisson une étiquette précisant l'origine géographique du produit : « Pointe de Bretagne », et surtout la technique de

BOUCANIER

Une énorme vague vient briser à 7 mètres du bâbord du « Boucanier ». Cela ne semble pas perturber le pêcheur.

Les bars ne sont pas les seuls à s'intéresser aux leurres, les fous de Bassan aussi. Pascal le décroche et le libère.

pêche : « bar de ligne ». « Ça, me dit-il, c'est la fronde de David contre Goliath ! »

Mathieu m'a confié parler aux poissons quand il est seul en mer. Je n'ai même pas souri, et j'ai pensé qu'à l'occasion les poissons devaient bien lui répondre. J'ai vu dans les yeux de Mathieu un poisson d'une grande noblesse, un poisson doté d'une personnalité énigmatique, que le pêcheur honore. Un poisson auquel, d'une certaine manière, il s'identifie et sur lequel il projette une bonne part de ses fantasmes. Il y a une part d'anthropomorphisme à vouloir ainsi prêter au poisson des humeurs proches des siennes, tantôt indolence et mélancolie, tantôt boulimie et frénésie alimentaire, ou bien encore à l'imaginer

Une grosse vague menace de casser sur le tribord du « Chimère ». Pascal s'apprête à manœuvrer.

« Boucanier » dans la « marmite » à Ouessant.

tellement occupé à jouer qu'il ignore toute sollicitation, à d'autres moments accaparé par ses obligations reproductives au point d'en perdre la raison. Pour être efficace en pêche, Mathieu se fait, l'espace d'un instant, poisson, pour penser comme lui, sentir comme lui, réagir comme lui. Il y a forcément de l'amour dans cette relation !

Même la mer, Mathieu ne la voit pas comme nous. Nous y voyons une surface aux couleurs changeantes, alternativement calme ou agitée, il y voit une colonne d'eau grouillante de vie, des masses d'eau en perpétuels mouvements qui s'affrontent en des différences de températures ou de salinité, constituant autant de discordances que les poissons affectionnent. Alors que nous voyons dans la marée une simple variation du niveau des eaux, il y voit une onde se propageant du fond de l'océan vers la périphérie, s'accélérant sur le plateau continental et déclenchant sur son passage ces changements de comportement attendus.

En fixant sa ligne à un point haut, Pascal va pouvoir pêcher juste en aval du caillou, sans risquer de s'accrocher.

CH

Souvent les conditions
de mer me font perdre
le bateau des yeux,
une sorte de cache-cache
photograhique avec
les vagues.

En pêche dans la houle.

Volée frénétique sur la chaussée de Keller.

Tellement imprégné du milieu qu'il finit par s'y fondre, pour ne plus constituer qu'un maillon supplémentaire d'une chaîne alimentaire complexe, où il a toute sa place. Observé sous cet angle, il pourrait faire partie du club fort restreint des derniers grands prédateurs européens.

Alors, quel avenir pour ces pêcheurs de bar ? D'aussi loin que porte notre connaissance, on a toujours pêché à la ligne. Pourtant, on le sait, les ressources halieutiques sont malmenées et, situés en bout de chaîne, ces ligneurs pourraient bien un jour disparaître eux aussi, emboîtant ainsi le pas à l'ours, au loup ou au lynx européen.

Il y a un côté dérisoire à vouloir ainsi pêcher, armé d'un seul bout de fil et d'un hameçon. Les ligneurs ne sont pas les seuls à traquer le bar, et leur persévérance à vouloir vivre de

Ci-contre Phare du Créac'h, Ouessant.

Page de droite Côte nord d'Ouessant avec à l'horizon l'île de Keller.

Le « Chimère » se replace.

Une volée d'oiseaux en chasse avec des plongeons de fous de Bassan.

Le « Boucanier » dans son jardin, chaussée de Keller, Ouessant.

LE SPHINX
AD 895

Le rocher de Tévennec
où Philippe a perdu
la vie le 6 janvier 2005
à bord du « Frangen ».

Jean-Marc sur son nouveau bateau, le « Sphinx », à la pêche du lieu par une froide matinée de février.

Magnifique lieu pêché juste avant le levé du jour.

cette technique paraît anachronique au regard des moyens déployés par d'autres acteurs : chaluts pélagiques, filets maillants ou sennes coulissantes, tout n'est que démesure.

Ce n'est pas tant des engins qu'il est question que des conditions de leur mise en œuvre. Toujours plus grand, toujours plus fort. Il n'est pas une année sans qu'une innovation technologique ne vienne encore renforcer cette débauche de moyens et bouleverser l'ordre établi.

Cette perspective est encore aggravée par la propension de ces poissons à se rassembler en de gigantesques concentrations à l'époque du frai. Ils n'en sont que plus vulnérables, et certains pêcheurs l'ont bien compris qui, libérés de toute préoccupation éthique, se livrent sans vergogne à une mise en pièces réglée de ce patrimoine collectif.

Il y a là une exception culturelle à la française dont le sens nous échappe. Partout ailleurs, on protège, on encadre, on

Contrairement au bar, le lieu doit être étripé avant d'être mis en caisse.

légifère. Alors qu'en Angleterre, on parle de réserver cette pratique de pêche aux seuls métiers de ligne, en Espagne, on finance déjà des arrêts biologiques pendant cette période critique. Les espèces sont trop vulnérables durant leur période de reproduction pour que les activités de pêche ne soient pas encadrées à minima.

En France, rien de tout cela, et il se trouve même des experts pour dire que les pêches sur frayères sont sans impact et qu'il vaut autant pêcher le poisson quand il est le plus facile à pêcher ! Funeste hérésie.

Pire encore, progressivement, les services de l'Etat se désengagent de cette mission de préservation d'un patrimoine

Est-il bien normal de pêcher du poisson grainé ? Les ligneurs posent la question. La réponse tarde à venir.

collectif. Les derniers textes réglementaires porteurs de sens remontent aux années 1970 et rien n'indique un quelconque revirement de position.

Alors, les communautés de pêcheurs font du mieux qu'elles peuvent. Tout à la fois utilisateurs, prescripteurs et gestionnaires, les pêcheurs doivent se faire violence pour qu'une fois le temps la sagesse l'emporte sur les intérêts immédiats. Sur fond d'actualité brûlante, après un coup de pêche un peu plus délirant que les autres, on s'assoit autour d'une table pour accoucher d'un accord qualifié d'historique. Cet accord, un jour, au gré des alliances et des jeux de pouvoirs, sera tout pareillement porté au pilori, sans qu'à aucun moment il n'ait été réellement

question de préserver la ressource, mais seulement de protéger les pêcheurs contre eux-mêmes.

Pourtant, ce combat des ligneurs pour préserver leur mode de vie est porteur d'espoir. Leur pratique suggère que l'on ne peut prendre de la nature que ce qu'elle veut bien nous donner, et leur opiniâtreté à vouloir vivre dans cette harmonie est un vibrant plaidoyer pour une gestion durable et respectable des ressources naturelles.

Dans cette relation de chasseur à chassé, il y a toujours une part de chance laissée aux protagonistes, une chance pour le pêcheur de réaliser une belle prise, mais une chance aussi pour le poisson de déjouer le stratagème, de ne pas être ce jour-là suffisamment mordeur, ou tout simplement de ne pas être là où le pêcheur l'attendait.

Pourtant, ce combat des ligneurs pour préserver leur mode de vie est porteur d'espoir. Leur pratique suggère que l'on ne

Ci-dessus « Route terre » pour ce goéland repu.

Page de gauche Toutes les bonnes places sont prises, Eric tente sa chance à la canne.

Un bar séduit par un leurre de surface « Orion ».

peut prendre de la nature que ce qu'elle veut bien nous donner, et leur opiniâtreté à vouloir vivre dans cette harmonie est un vibrant plaidoyer pour une gestion durable et respectable des ressources naturelles.

Dans cette relation de chasseur à chassé, il y a toujours une part de chance laissée aux protagonistes, une chance pour le pêcheur de réaliser une belle prise, mais une chance aussi pour le poisson de déjouer le stratagème, de ne pas être ce jour-là suffisamment mordeur, ou tout simplement de ne pas être là où le pêcheur l'attendait.

Pour capturer un poisson à la ligne, il faut d'abord le séduire. Trop pêché, le poisson se détournerait des leurres et artifices pour se satisfaire des seules disponibilités nourricières naturelles.

En cela la problématique de ces pêcheurs est exemplaire car elle pointe du doigt les ambiguïtés de notre logique de progrès. Faut-il ainsi toujours que la sagesse cède le pas aux intérêts immédiats, que le bien-être s'efface devant les techniques innovantes ? Faut-il inévitablement que nous transmettions aux générations futures un patrimoine gravement hypothéqué ?

Nous sommes, nous citoyens, consommateurs et acteurs de la société civile, les principaux auxiliaires de ces pêcheurs, et c'est en faisant irruption dans le débat que nous leur donnerons une chance de transmettre, pour des générations encore, leur savoir-faire et leur bon sens à leurs enfants, à nos enfants...

« Ça vole, ça piaille et ça plonge dans une folle bacchanale. »

Joli bar pris avec
un leurre de surface
un soir d'été au pied
de la Vieille.

Ci-dessus, ci-contre Ouessant, côte nord.

Page de gauche La côte nord d'Ouessant, la plus fréquentée par les ligneurs.

Coup de vent sur Ouessant, côte nord.

Un grand merci à tous mes amis ligneurs pour ces moments magiques qu'ils m'ont permis de partager.
Merci également au Comité départemental du Tourisme du Finistère, et en particulier à M. Jean-Luc Jourdain, pour son soutien.

Table des matières

Un bar au leurre de surface.

Site web de Marc Sambi pour retrouver ses reportages : www.marcsambi.tretiakow.com

Editeur : Henri Bancaud - Conception graphique : Studio des Editions Ouest-France
Photogravure : Micro Lynx, Rennes (35) - Impression : Mame Imprimeurs à Tours (37)
I.S.B.N. 2.7373.3756.9 - N° d'éditeur : 4956.01.05.04.05 - Dépôt légal : avril 2005 - Imprimé en France